Werner Holzwarth · Henning Löhlein

Gleeorg un Gleeobadra

Eene Geschischde vom Gligg

Off Säggssch

mitteldeutscher verlag

„Eenz ... zweeje ... dreie ... und, eiferbibbsch, noch eenz – Viere! Gugge nur Gleeorg, unser Gleenes had vier Blädder“, hubbd Gleeobadra vor Freide.

„Vierbläddriche bring Gligg“, meend Gleeorg, ihre bessre Hälfde.

„Quadderadatsch“,

blághd da von lings der olle Quergobb Gleeberhard.

„Glee is Glee, da isses wurschd, obs drei oder vier Blädder sinn.“

„Abber Vierbläddriche sinn immer Gliggsbringer“,

wird Gleeorg
langsam grädsch.

„Schduss!

Ee Bladd meehr haben die, weider nischd.
Vierbläddriche sinn nur Laggaffen!“

„Schluss mit dem Balawer!“,

mischt sich Gleeriga, die Älteste der Sibbe, ein.

„Mir wern glei ma guggen,
wer Rechd had.“

Sie duggd sich so dief nundor,
wie mors machd, wemr sich
vor ner Guh versteggd.

Un vierhunderdfufzsch Gleeblädder machens genauso,
bis off eenz, das neugeborne Gleene mit den vier Bläddern,
denn das weeß nich, was ne Guh is.

„Muh, muh-muh-muuuh!“,

muhde Guh Liesl, als ihr das miggrische Gind vor de Oochen gommd.

Das heeßd so viel wie:

„Weesgnebbchen – ä vierbläddriches Gleebladd!“

Liesl biggt sich weid nundor …

02 35802

… griwwlt den gleenen Däähds mit ihrer rauen Zunge un fudderd eefach – das fedde dreibläddrische Gleebladd neben dem Wärschl.

Nu drollerd de Guh gemächlich und froh übber de Wiese.

„Mor gloobds nich,
mor lehm noch!“,

jubeld Gleeobadra.

„Siehsde, Gleeberhard,
mor muss bloß ans
Gligg glom, dann
had mors ooch.“

„Gleeberhard ... Gleeberhard?!

Wo bissde denn, du mobsscher, diggschnder Dussl?“

Werner Holzwarth,
geboren 1947 in Winnenden, war freier Journalist, Creative Director in der Werbung, ab 1990 mit seiner eigenen Werbeagentur selbständig und lehrte 1995 bis 2012 als Professor für Visuelle Kommunikation an der Bauhaus-Universität Weimar. Er hat zahlreiche Kinderbücher verfasst, dessen bekanntestes, „Vom kleinen Maulwurf, der wissen wollte, wer ihm auf den Kopf gemacht hat", in 27 Sprachen erschienen ist und bislang eine Gesamtauflage von drei Millionen Exemplaren erreicht hat. Er lebt in Tübingen.

Henning Löhlein,
geboren 1965, wuchs in Bonn auf und hat in Südfrankreich Kunst und Design studiert. In England entdeckte er für sich die Illustration. Er lebt als freischaffender Illustrator in Bristol, wo er auch als Dozent an der „University of the West of England" tätig ist, und hat mehr als 30 Bücher bebildert, die in zehn Sprachen übersetzt worden sind.

1. Auflage 2014

Grafische Gestaltung: Antje Holzwarth, Tübingen
Druck: Himmer, Augsburg
Übersetzung ins Sächsische: Karin-B. Köhler
ISBN 978-3-95462-250-4

Printed in the EU

„Gleeorg un Gleeobadra" ist zunächst in einer schriftdeutschen Ausgabe auf den Markt gekommen, und zwar 2011 mit der ISBN 978-3-905871-24-1 unter dem Titel „Kleeorg und Kleeopatra. Eine Geschichte vom Glück" im Bajazzo Verlag, Zürich.
Eine Übersetzung ins Chinesische (Mandarin) ist 2013 im Verlag Xinlei Chubanshe, Tianjin, mit der ISBN 978-7-5307-5772-7 herausgekommen.

Jetzt erscheint das Buch gleichzeitig in zwölf Dialektausgaben, die von sieben Verlagen veröffentlicht werden:

Alemannisch im Silberburg-Verlag, Tübingen: Kleeorg un Kleeopatra. Ä Gschicht vum Glick. Uff Alemannisch vum „Hämme" Helmut Dold. ISBN 978-3-8425-1290-0.
Badisch (Südrheinfränkisch) im Silberburg-Verlag, Tübingen: Kleeorg un Kleeopatra. E Gschicht vom Glück. Uff Badisch von Michael Kohler. ISBN 978-3-8425-1292-4.
Bairisch im Volk Verlag, München: Kleernstl und Kleeronika. A Gschichterl vom Gligg. Auf Boarisch von Gerald Huber. ISBN 978-3-86222-132-5.
Berlinisch in der edition q im be.bra verlag, Berlin:
Kleemil und Kleeopatra. Eene Jeschichte vom Glück. ISBN 978-3-86124-683-1.
Fränkisch im Volk Verlag, München: Gleeorch und Gleeobadra. A Gschichdla vum Gligg. Aff Fränggisch von Florian Hartmann. ISBN 978-3-86222-133-2.
Hessisch im CoCon-Verlag, Hanau: Kleemil und Kleemilie. E herrlisch Geschischt vom Glick. Übersetzt von „Badesalz" (Hendrik Nachtsheim und Gerd Knebel). ISBN 978-3-86314-259-9.
Plattdeutsch im Hinstorff Verlag, Rostock: Kleeorg un Kleeopatra. Ein Geschicht von't Glück. Übersetzt von Wolfgang Mahnke. ISBN 978-3-356-01828-8.
Rheinisch im Klartext Verlag, Essen: Der Klienaad un et Kliesbeth. Ene Verzäll vum Glöck. Übersetzt von Alice Herrwegen. ISBN 978-3-8375-1122-2.
Ruhrdeutsch im Klartext-Verlag, Essen: Kleeopold und Kleementine. En Döneken über sowat von Dusel. Übersetzt von Claus Sprick. ISBN 978-3-8375-1124-6.
Sächsisch im Mitteldeutschen Verlag, Halle (Saale): Gleeorg un Gleeobadra. Eene Geschischde vom Gligg. Off Säggssch von Karin-B. Köhler. ISBN 978-3-95462-250-4.
Schwäbisch im Silberburg-Verlag, Tübingen: Kleeorg ond Kleeopatra. 's Glick isch a Rendvieh. Uff Schwäbisch vom Autor Werner Holzwarth. ISBN 978-3-8425-1288-7.
Westfälisch im Klartext-Verlag, Essen: Klaoverich un Klaoverita. En Vertellsel van't Glück. Übersetzt von Hannes Demming. ISBN 978-3-8375-1123-9.

Die genannten Verlage sowie der Boyens Buchverlag in Heide arbeiten in der Regionalbuch AG zusammen. Ziel der Regionalbuch AG ist es, das Thema Regionalia nachhaltig ins Bewusstsein zu bringen; dazu werden gemeinsame Aktionen entwickelt. Die Mitglieder unterstützen die Initiative „Buy local". Zwei- bis dreimal im Jahr treffen sich die Verlage zum Erfahrungsaustausch.

www.regionalbuch-ag.de

Regional buch AG